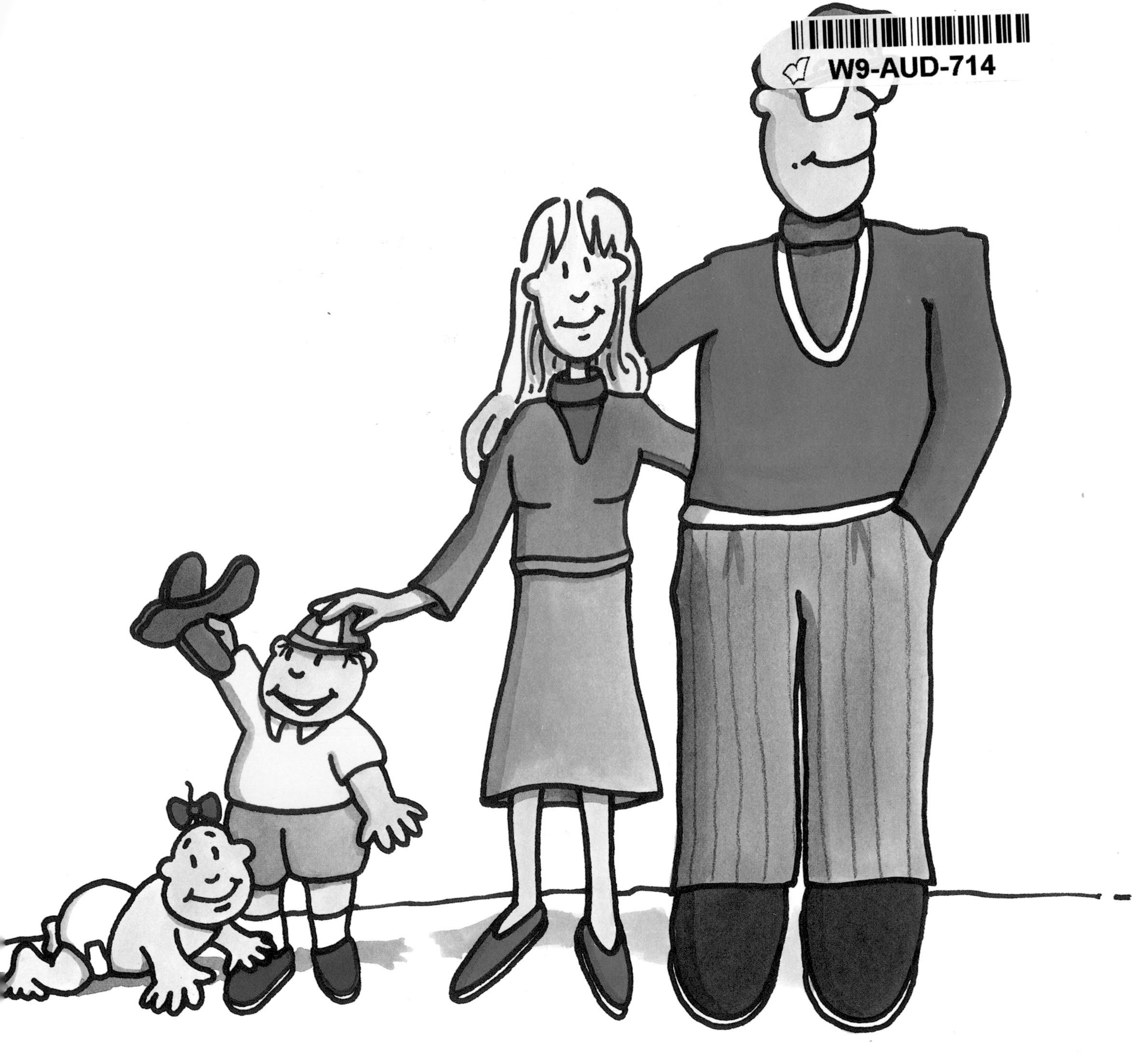

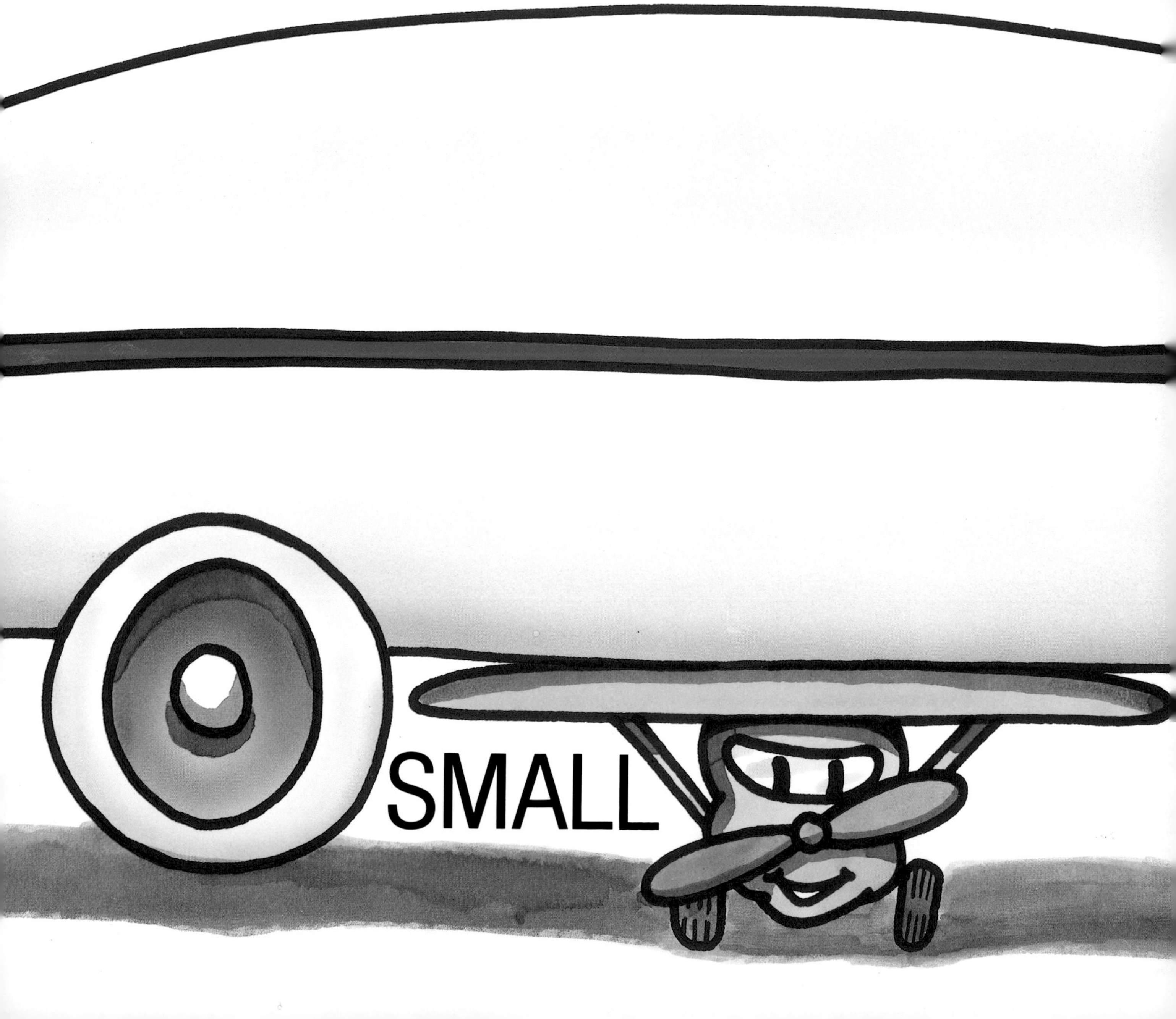

SMALL

BIG

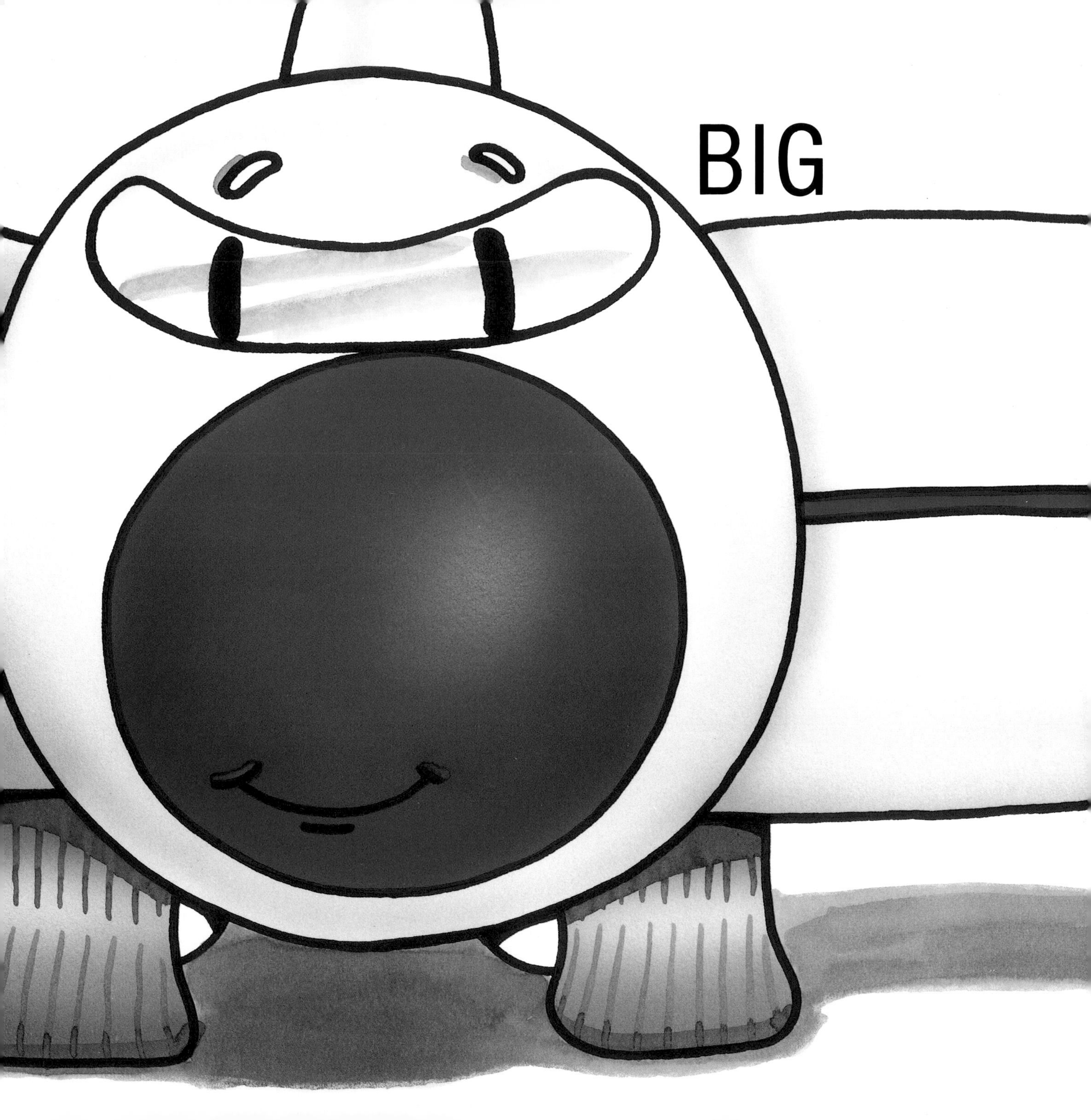

BIG

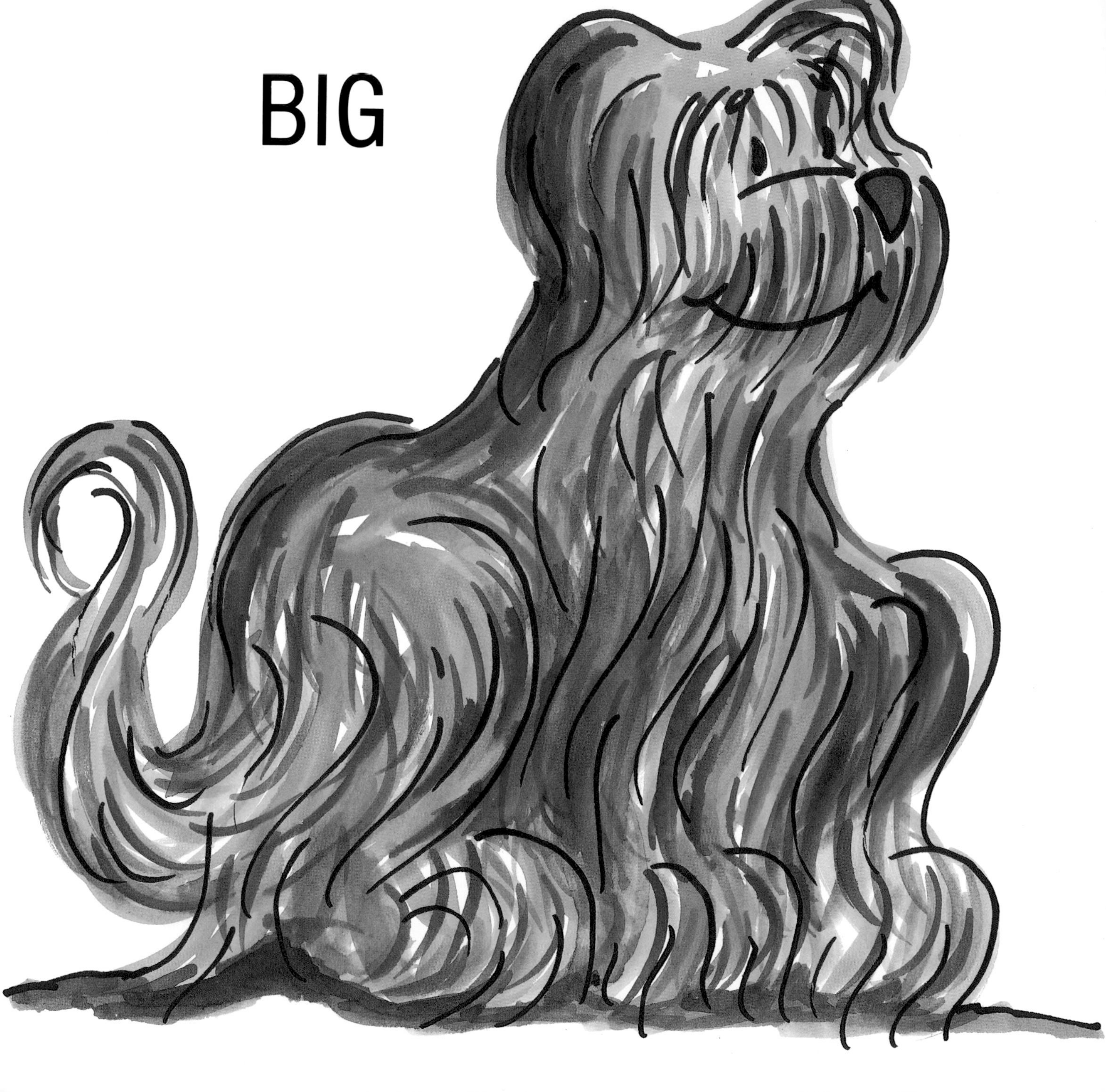

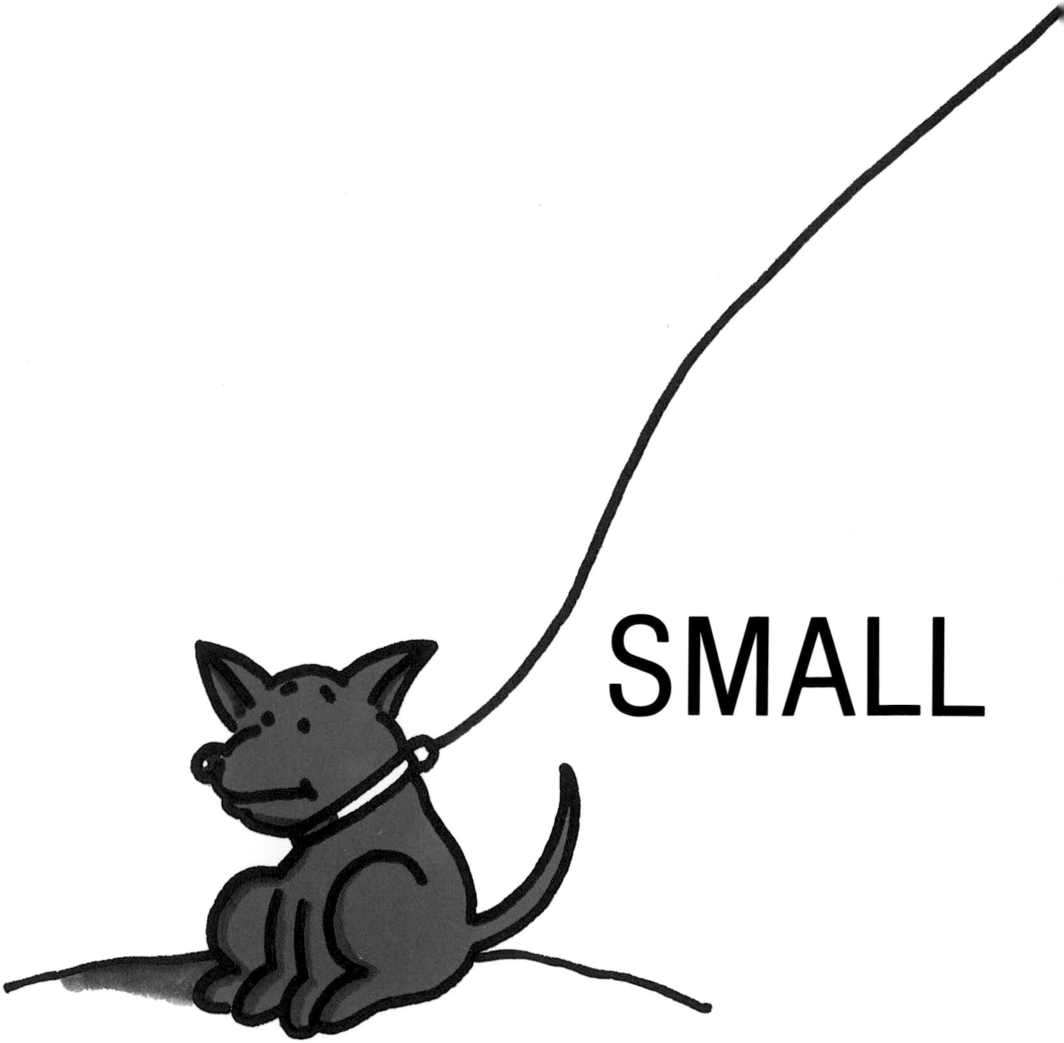

SMALL

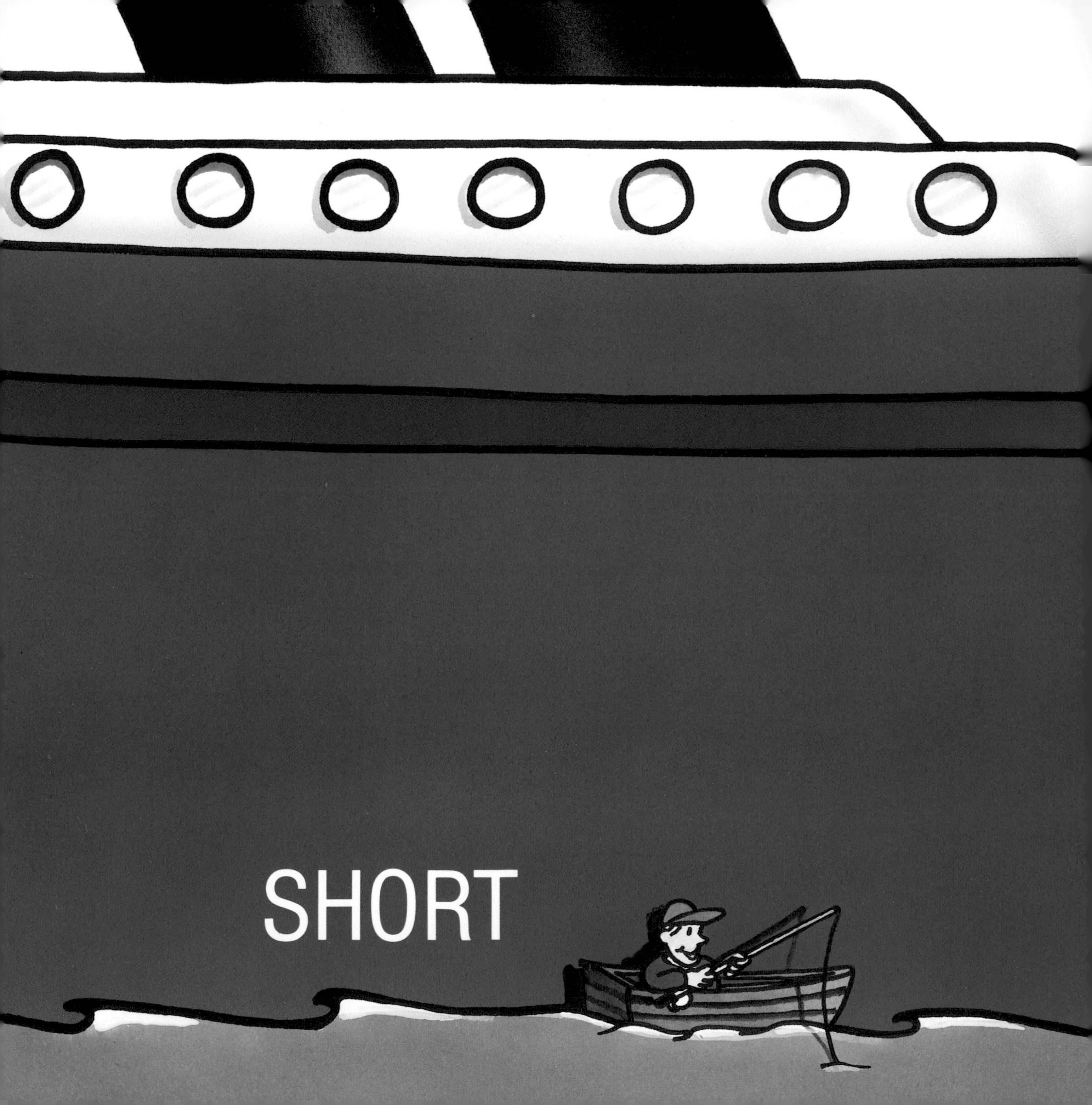

SHORT

LONG

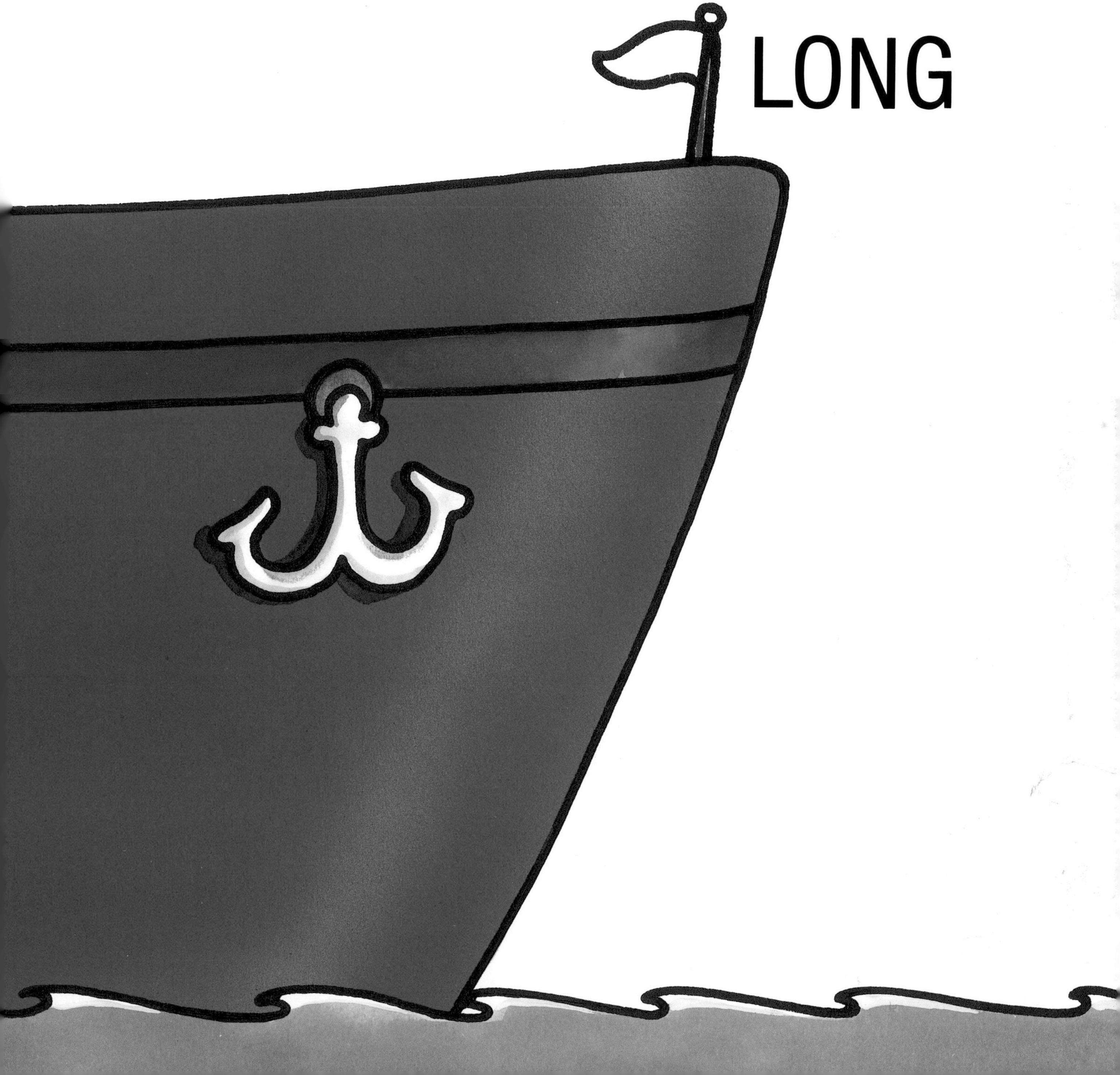

TALL

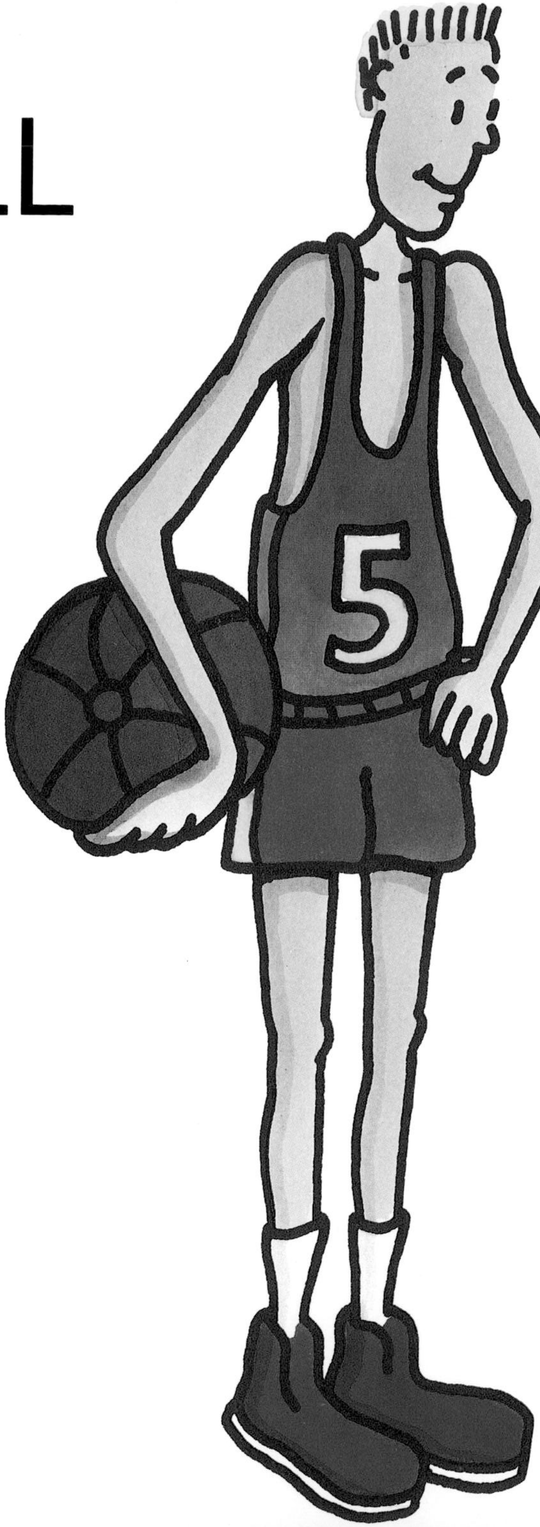

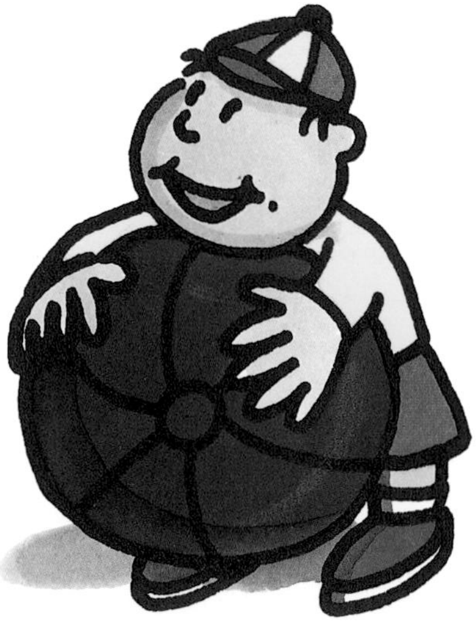

SHORT

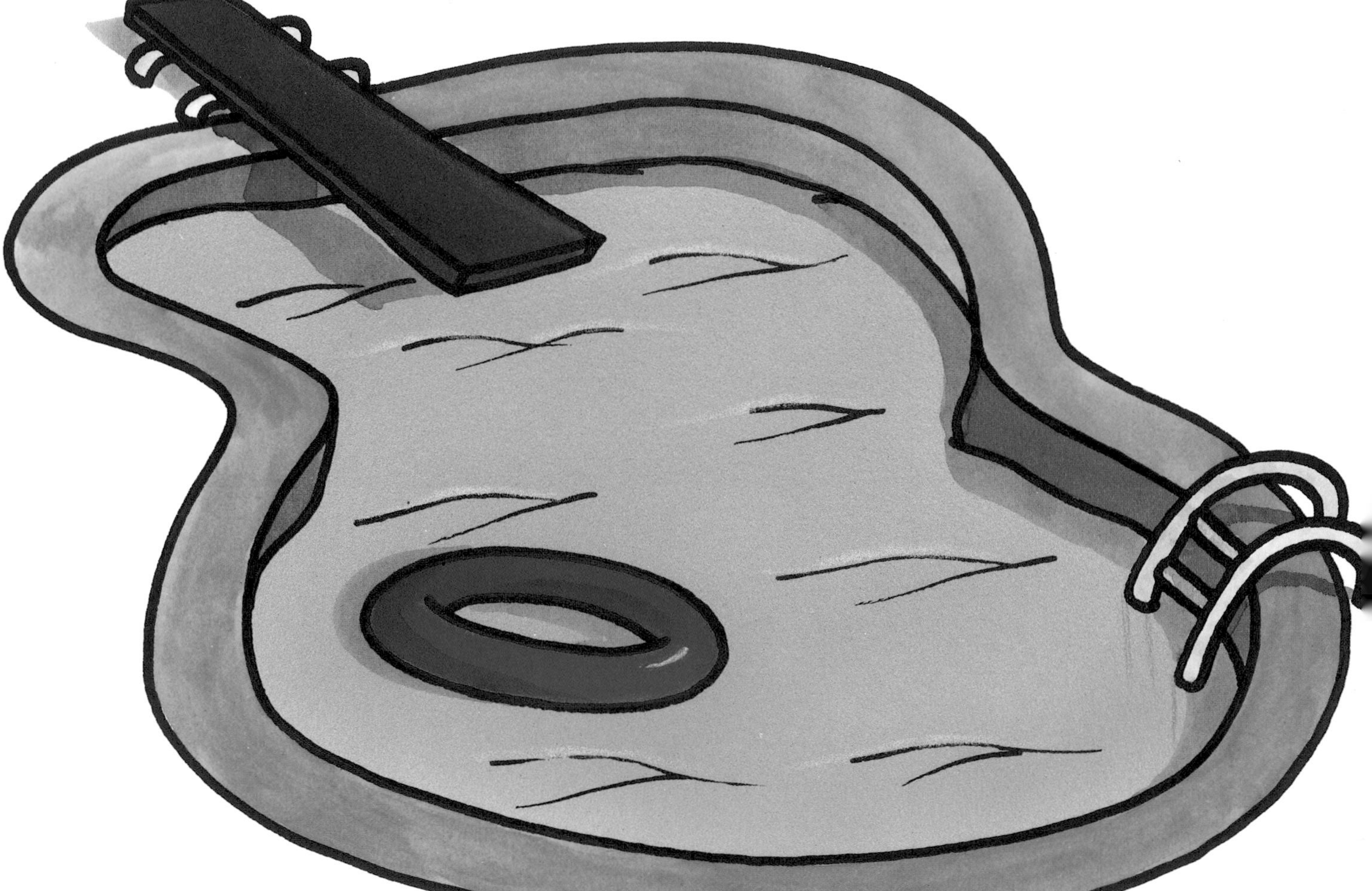

BIG

LITTLE

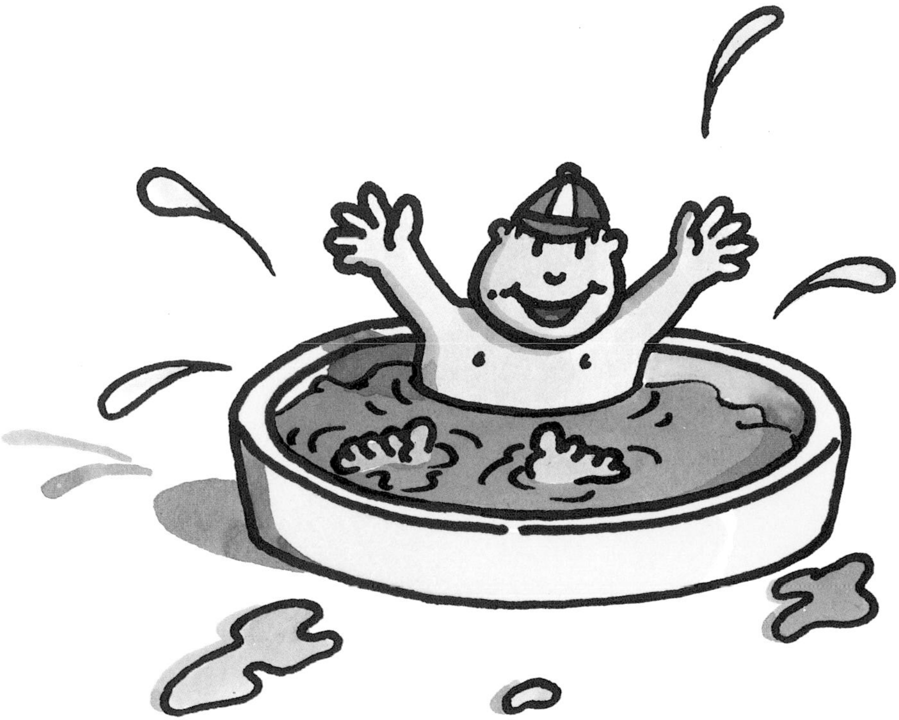

SMALL

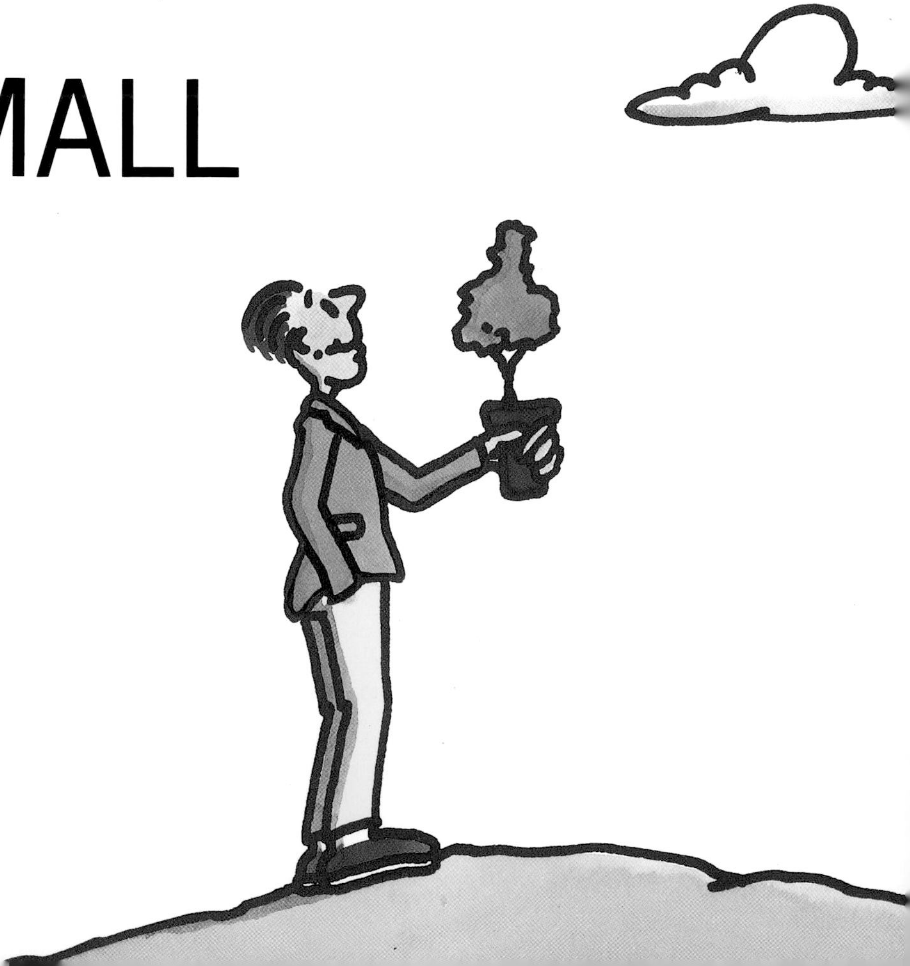

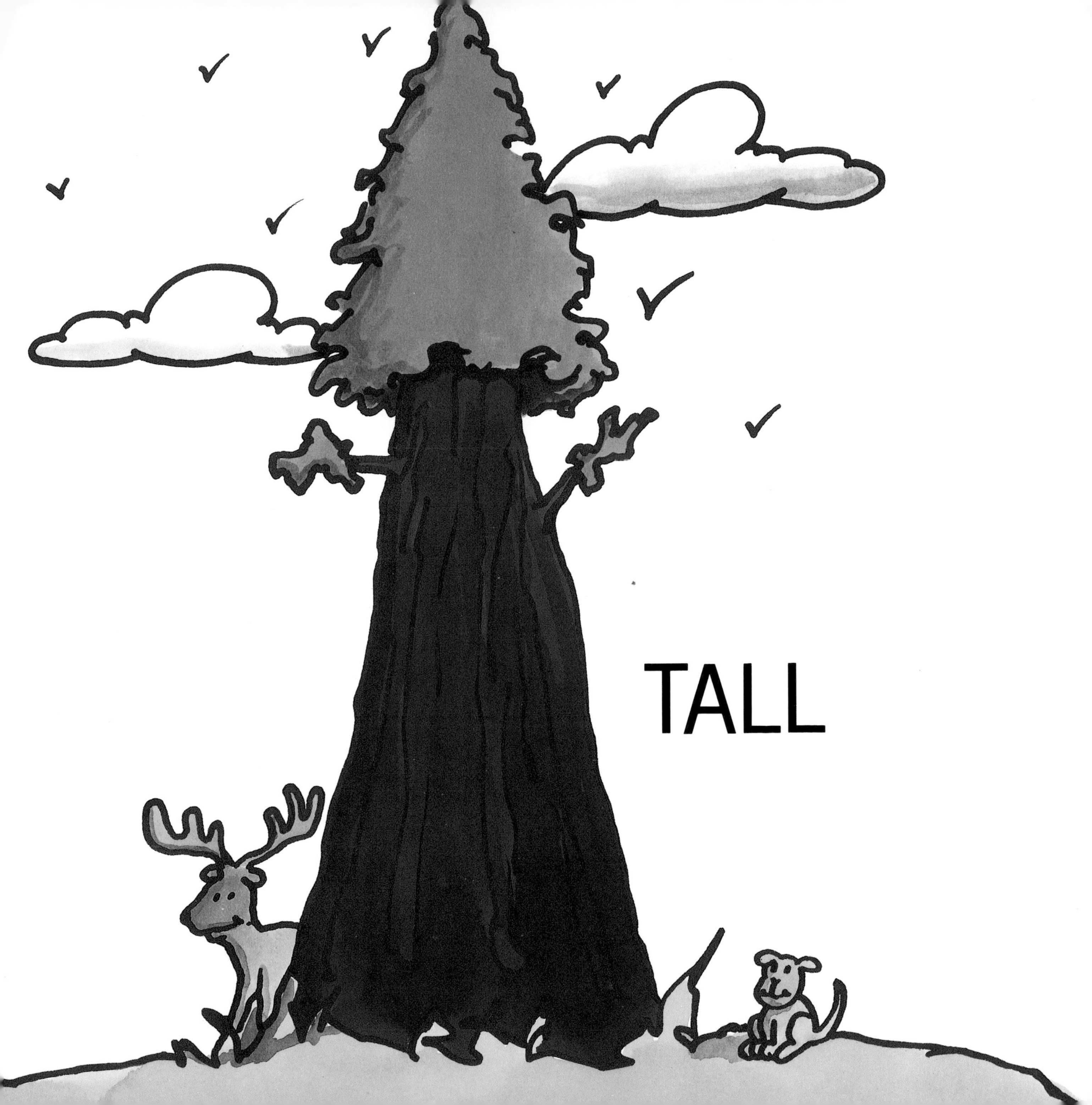

TALL

HUGE

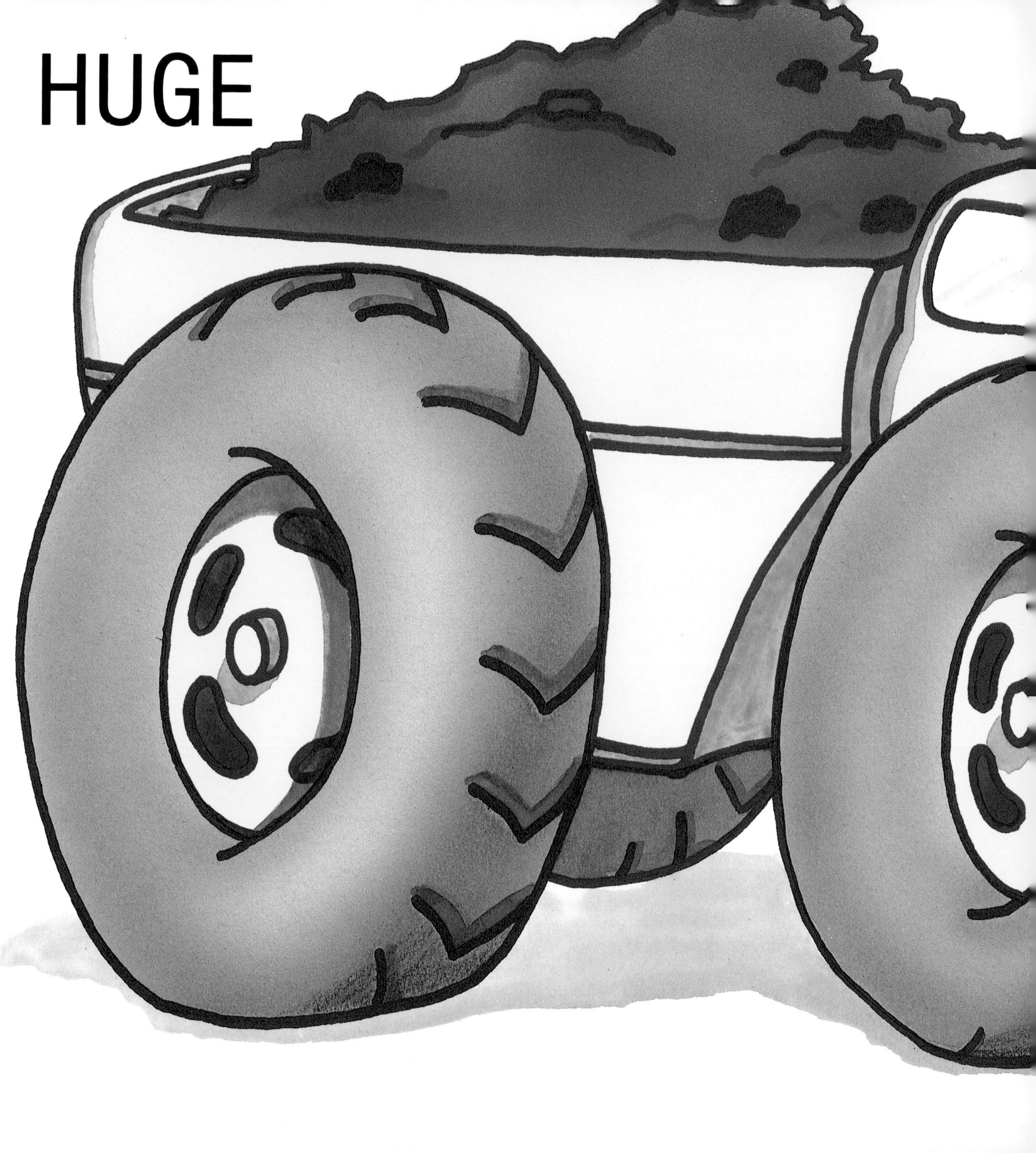

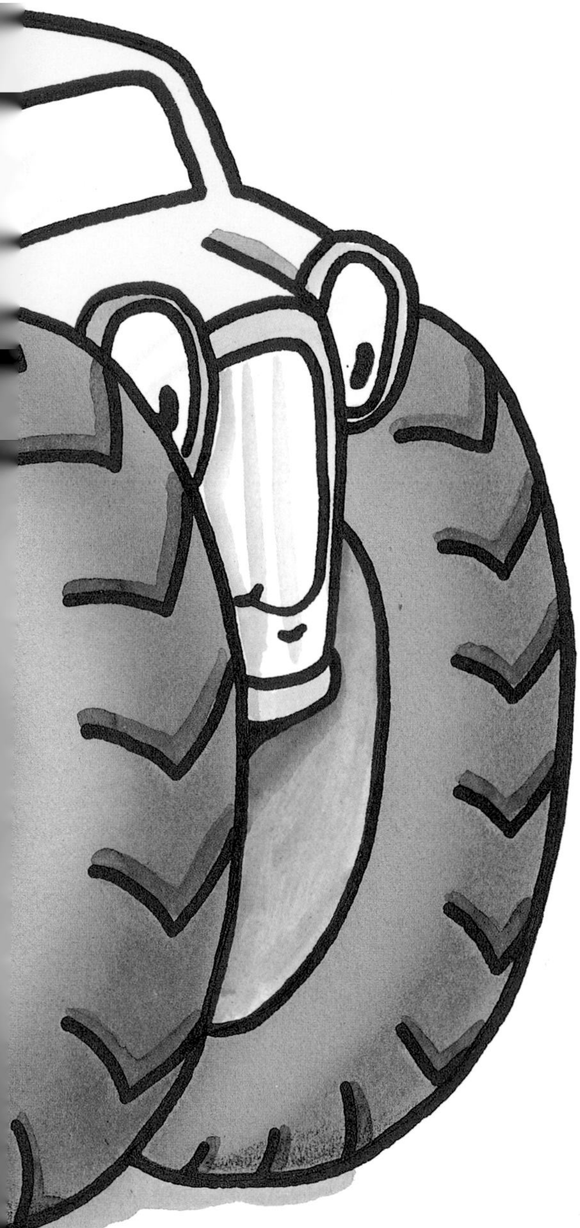

TINY

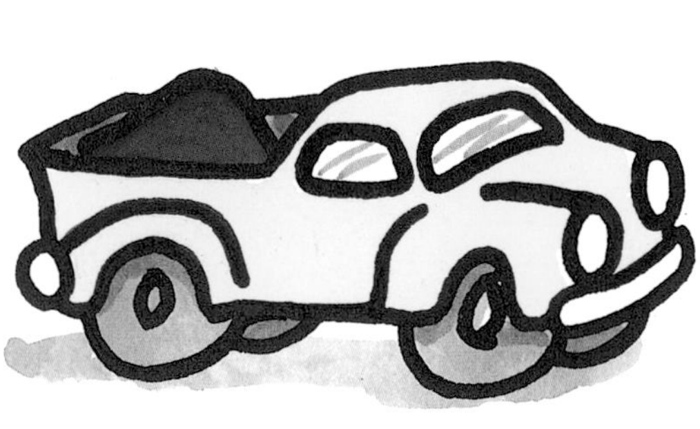

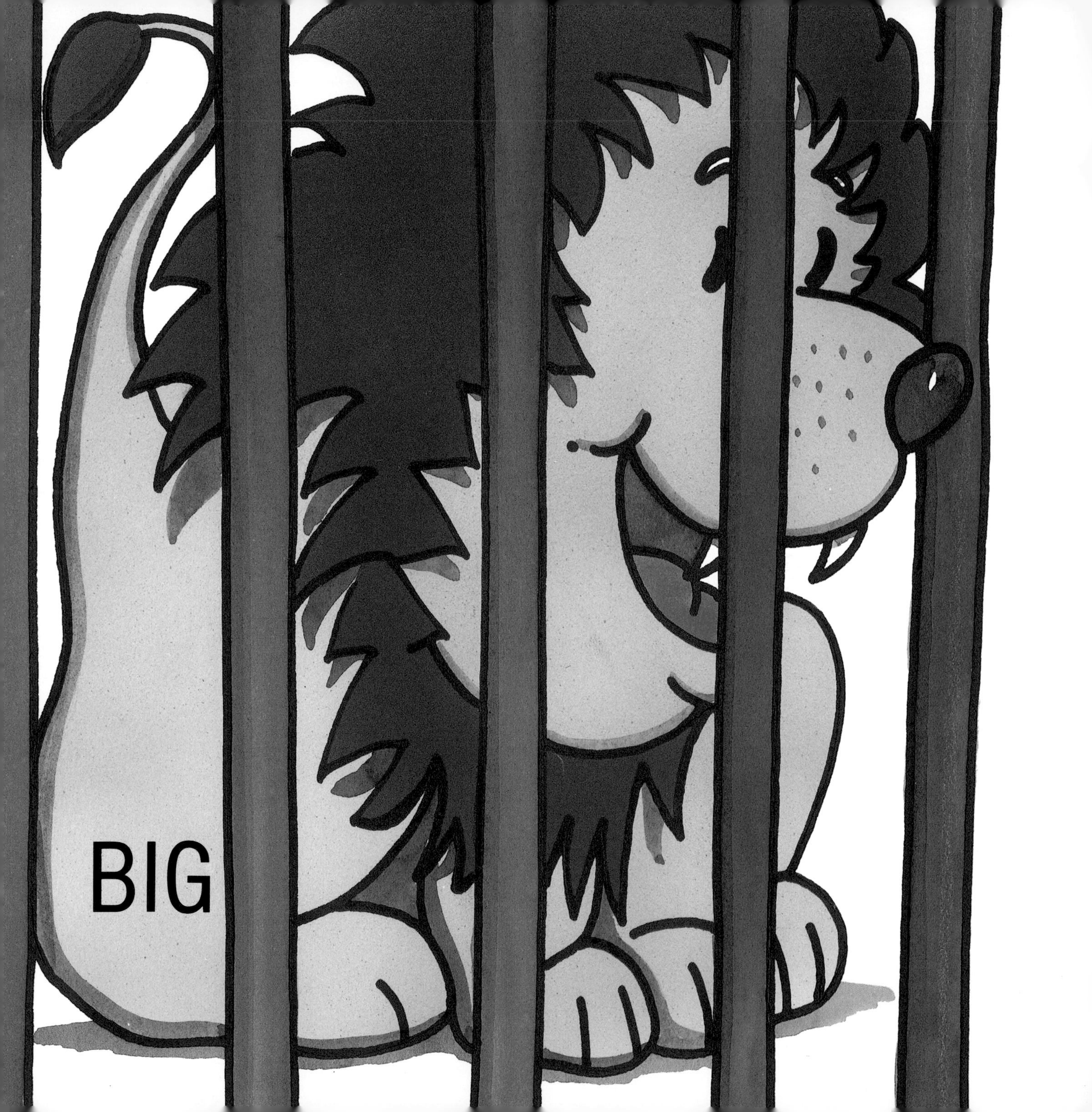

BIG

SMALL

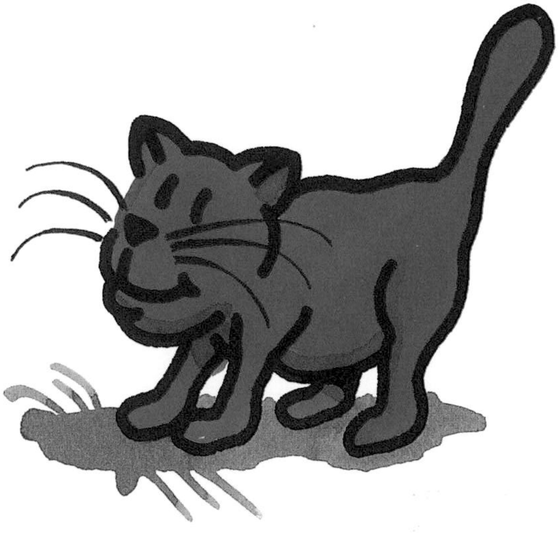

HUGE

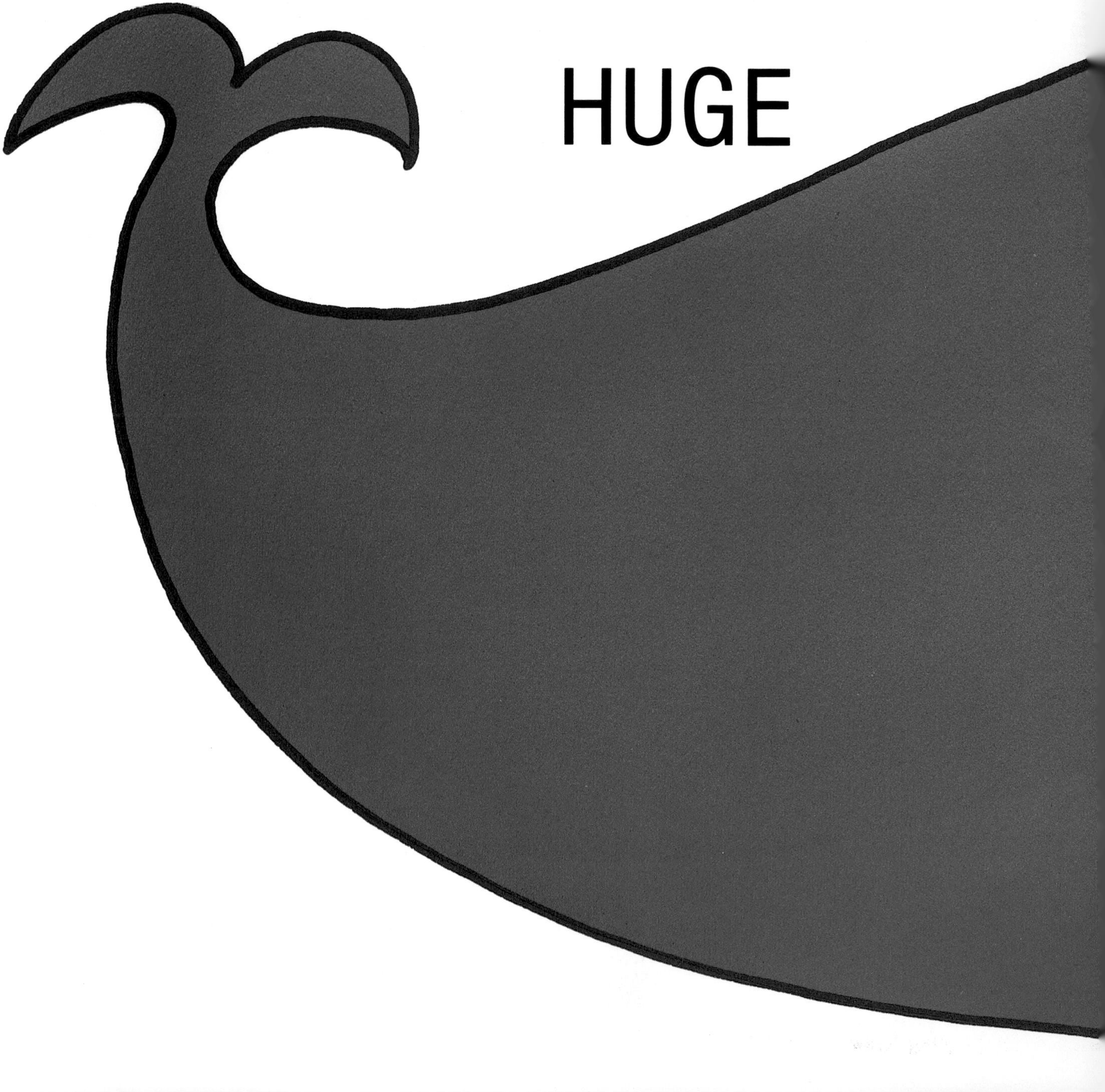

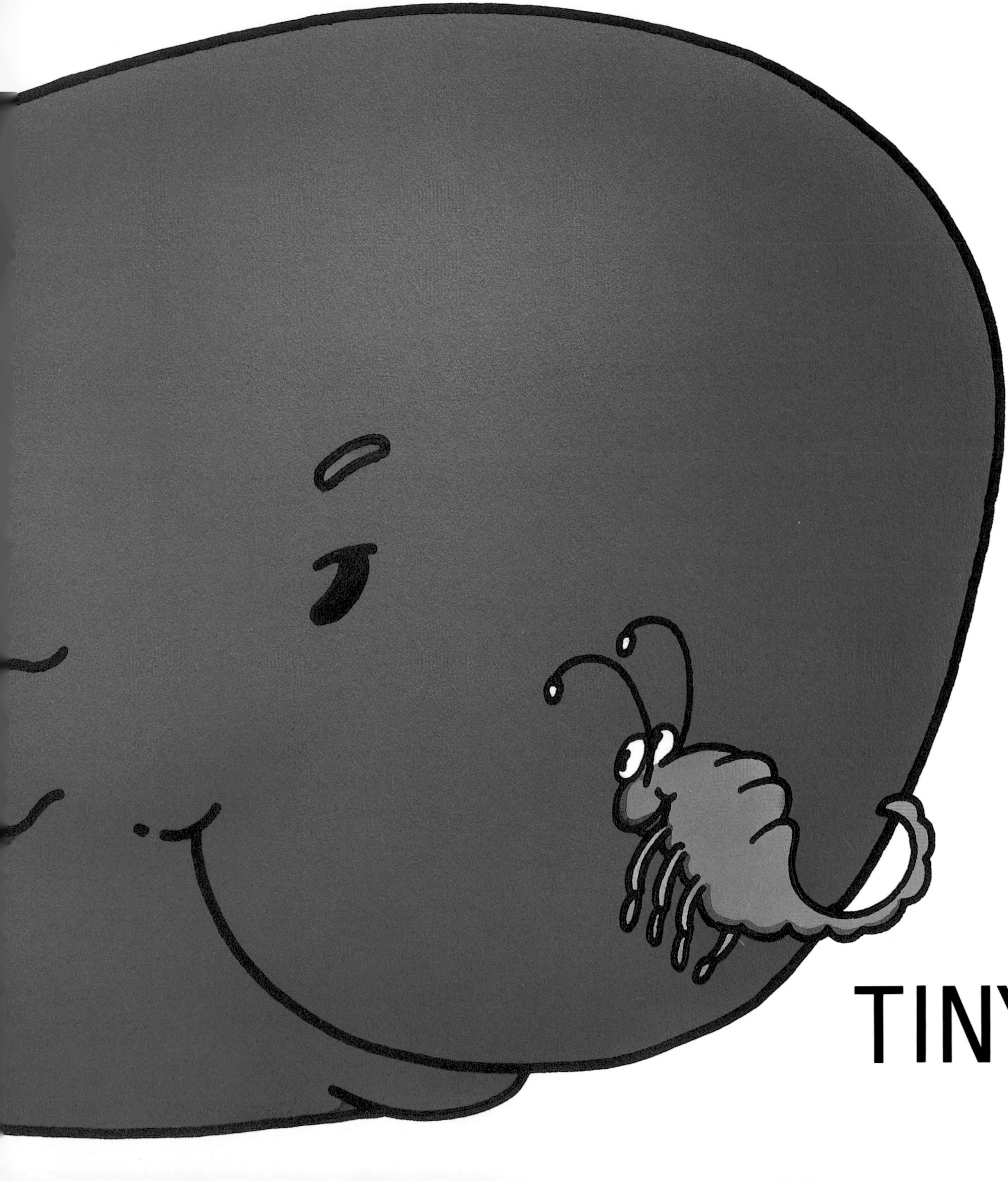

TINY

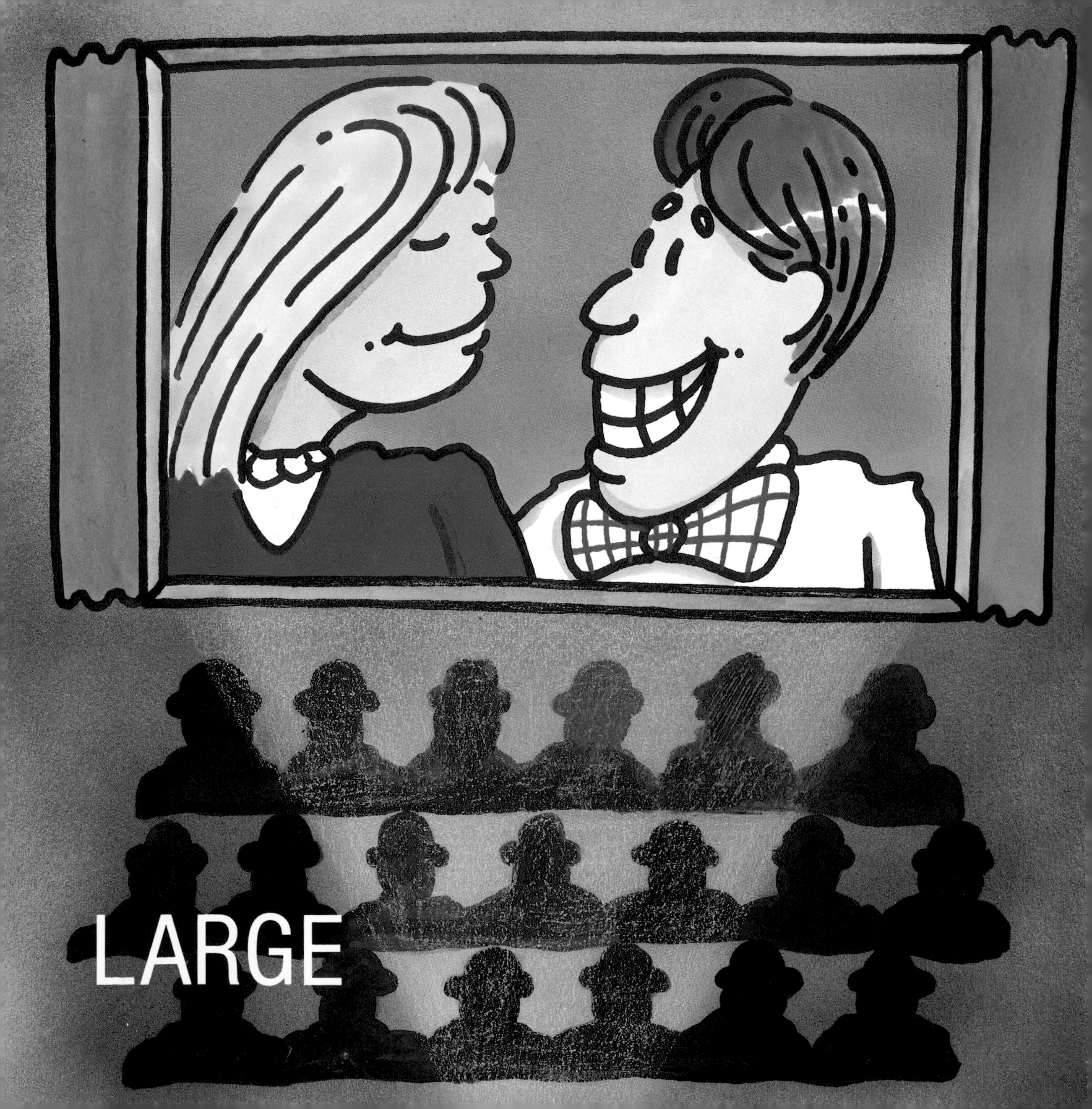
LARGE